Seu ZÉ de Muitos Nomes, seu Zé de Muitas Histórias

DANIEL SOARES FILHO

SATTVA
EDITORA

contato@sattvaeditora.com.br
www.sattvaeditora.com.br

Editora: **Vivian Lerner**

Projeto gráfico e
diagramação: **Luiz Zonzini**

Revisão: **Olenka Franco**

Dados Internacionais de Catalogação na Publicação (CIP)
Agência Brasileira do ISBN - Bibliotecária Priscila Pena Machado CRB-7/6971

S676 Soares Filho, Daniel.
Seu Zé de muitos nomes, seu Zé de muitas histórias / Daniel Soares Filho. — São Paulo : Sattva, 2019.
76 p. ; 23 cm.

ISBN 978-85-67977-35-5

1. Religião africana. 2. Umbanda. 3. Espiritismo. I. Título.

CDD 299.67

Seu ZÉ

de Muitos Nomes, seu Zé de Muitas Histórias

DANIEL SOARES FILHO

SATTVA EDITORA

2019

A todos os Zés da Umbanda,
da Jurema e de onde mais
trabalham pela fé!

AGRADECIMENTOS

Quero agradecer aos nossos Pais e Mães Orixás, às Entidades de Luz que sempre nos acompanham e ensinam e a todos os envolvidos que direta ou indiretamente colaboraram com a consecução deste sonho.

Ao companheiro e bom conselheiro de leitura e vida Leley.

À minha Babá Bianca, sempre atenta e atenciosa.

Ao irmão de caminhada Luciano pela apresentação da obra.

A todos os companheiros que apoiaram a ideia.

Aos irmãos de "pés no chão" do terreiro.

Aos leitores dos rascunhos que muito ajudaram nas minhas falhas de idioma.

Às conversas e trocas de figurinhas entre amigos escritores também umbandistas.

À Vivian, editora comprometida e compromissada, que sem medir esforços trouxe à realidade o texto.

Como diz Seu Zé, "quem tem amigos tem tudo!"

Daniel Soares Filho

ÍNDICE

APRESENTAÇÃO DA OBRA

É com imenso prazer que atendi de imediato o pedido do irmão Daniel para que apresentasse a sua nova obra. Não sei se faço jus à tamanha confiança depositada, mas o fato é que estou imensamente surpreso com tal chamado e mais feliz ainda por essa oportunidade inédita para um leitor compulsivo que sou. A alegria não poderia ser maior, já que a obra trata da história de vida de mais um "Zé".

Zé Pelintra... Zé Malandro... tantos são os "Zés" que nos trouxeram suas histórias, sempre cercadas de momentos de alegria que se alternam com outros mais tristes e alguns, inclusive, fatídicos. Mas cada história sempre traz uma lição.

Foi com esse pensamento e com a curiosidade aguçada que iniciei a leitura desta obra, a qual li ininterruptamente até o fim, tamanho o interesse que me despertou. Já passa de uma da madrugada e aqui estou terminando minha leitura e escrevendo estas linhas.

Muito mais do que um relato de sua última encarnação, o protagonista aproveita para abordar conceitos esclarecedores sobre a Linha dos Malandros e o porquê de tantos "Zés".

Porém, o ponto mais positivo da obra é a forma com que Seu Zé se coloca a narrar os fatos, de forma simples, "sem firula", não deixando de mostrar, em alguns momentos, como ele mesmo diz que "também sabe falar difícil".

Confesso ser mais do que suspeito sempre que falo sobre essa Linha, já que tenho o prazer de também servir como médium de mais um "Zé". Mas o que posso assegurar é que o leitor terá pela frente uma narrativa da qual não conseguirá tirar os olhos antes do fim.

Salve Seu Zé!

Salve a malandragem!

Luciano Pereira

(Médium umbandista, criador do ***blog.umbandavale.com.br*** e coordenador da Revista do Leitor Umbandista – projeto de divulgação da literatura umbandista).

1. COMO SURGIU A HISTÓRIA

"Primeiro quero pedir desculpas de eu mesmo tá contando minha história".

Foi assim que, em junho de 2018, comecei a ouvir a narrativa que passo a dar voz agora ao seu protagonista! Tudo teve início em uma gira de esquerda em que fiquei "fora do prumo" e, no meio daquele momento de torpor e irradiação, a Babá da Casa "ouve" que, naquele terreiro, além do "Seu Zé" (que através dela se faria presente) e do "Malandro" (de outro irmão de fé), havia o terceiro da falange que se apresentava como Zé Raul, Raul do Baralho, Zé do Baralho. Uma entidade que trabalha na Linha da Esquerda – entre Exu e Malandro.

Sem muito entender, sem quase nada lembrar, fui para casa e dormi. Eis que, na grande maioria das vezes, minha mediunidade se faz notar nos sonhos, vejo claro, como a realidade dos meus dias, a cena que deflagrou este processo e que gerou a ventura de poder contar esta história.

Após o primeiro dia do sonho (que obviamente contei para a minha Babá), pus-me receptivo a "ouvir" a história da vida do Zé. Tinha (e tenho) em minha mente aquele cenário do sonho e depois disto não ficou muito difícil colocar-me receptivo às narrativas que aqui estarão expostas.

Espero que os leitores se divirtam e possam aprender com os ensinamentos deste irmão que tem por missão agora, fora do corpo, ajudar.

Salve a falange do Seu Zé. Um brinde a todos esses que labutam neste campo vibracional.

Saravá a todos!

2. "LICENÇA" DE CONTAR

E foi, como está dito na primeira linha do capítulo anterior, foi com um pedido de "licença" que Seu Zé começou a me contar a sua história. Pois é. Pedindo desculpas por ele mesmo narrar a sua biografia.

Assim começamos.

O moço me dá licença de eu mesmo contar a minha história? E eu a conto não é porque não tenha outras pessoas que não a conheçam. Conto porque, se não eu, quem ia se preocupar em contar a história de um mestiço muito sem eira nem beira? Então, deixa que eu mesmo lhe digo.

Tudo teve início ainda quando eu escolhi o útero que me geraria. No comecinho dos anos de 1900. Na verdade, nasci em 1904, na capital do país. A sombra da escravidão ainda pairava sobre todos os negros, mulatos ou pardos.

Minha mãe, mestiça de feições marcadas, achou de se juntar com um preto retinto, magro de ruim, e mais ruim ainda de atitude. Ambos carregavam em suas histórias as chibatas de seus pais. Meu avô paterno, que era negro fujão e revoltado com tudo isso, deve ter formado o caráter daquele que plantou sua semente na barriga da minha "velha". Nem esperou que eu nascesse para ganhar o mundo. O que eu sabia sobre ele era somente o que os outros me contavam.

Mãe pobre, sem marido e sem emprego, além do dedo da vó que lhe apontava e lhe dizia: "Eu bem que te avisei que esse nego não prestava. Agora tá aí, com um filho no braço, sozinha e sem nada. Eu te falei!".

Se já não tinha esperança, agora então, menos ainda. Só lhe restou subir o morro, juntar meia dúzia de tábuas e fazer um barraco.

Nascia o José Raul Teixeira. Minha mãe ainda insistiu para que eu levasse o nome José do progenitor (que muita raiva sempre me deu); Raul que ela achava bonito e parece que era o nome do filho de uma família para quem ela trabalhou (deve ter sido uma dessas paixõezinhas de adolescente); e Teixeira o sobrenome da família dela.

Sem muita firula ou coisas tão extraordinárias, aqui está, moço, a primeira página da história da minha vida. Simples como eu!

3. NAS VIELAS DO MORRO DE SÃO CARLOS

Naquele tempo, até que não era tão cheio o morro, sabe? Só quem não tinha mesmo outra opção é que subia a ladeira para morar. Ruas? Que nada! Era caminho de barro e barro puro, pior ainda quando chovia. Quantas vezes, no meio da madrugada, entre o barulho dos trovões, ouvia-se alguém pedir socorro porque o barracão estava sendo arrastado. Lá iam todos que podiam acudir os desesperados.

O cheiro não era dos mais agradáveis não, mas a gente acostuma. Hoje, quando sinto um cheirinho desses parecido, até me dá saudade.

Pois é, como sentir saudade de uma época difícil? Se era difícil de se viver, ao menos era mais inocente. A vida foi me talhando de outra forma e acabei me perdendo por isso!

Deixa estar que mais tarde lhe conto os infortúnios. Agora é só hora de lembrar como foi quando ainda era moleque.

Com sacrifício e muita noite sem sono, cheia de preocupação, a cabeça da mãe só pensava: "O que vai ser deste menino, meu Deus?" Faltava muita coisa, a barriga roncava tantas vezes que em alguns momentos até parava de incomodar. "A dor ensina a gemer", dizia a benzedeira lá do morro! E era bem assim mesmo. Algumas vezes, buscava beber muita água para deixar o bucho cheio e disfarçar a fome.

A grande maioria das mulheres era mãe solteira e as que estavam casadas, muitas delas, estavam malparadas com seus homens que, quando chegavam com a cabeça cheia de cachaça, ainda lhes batiam. "Ah, comadre, ruim com ele, pior sem ele" era a frase que mais ouvia das que no dia seguinte escondiam as manchas roxas do lombo.

Nós, guris sem muito freio, acabávamos nos acostumando àquela vida. Tinha um pedaço de madeira para jogar como taco, uma bola meio furada para chutar, uma ou outra árvore para subir (e tantas vezes se esborrachar no chão), lá íamos nós...

Driblar as mães era muito fácil, pois estavam sempre a buscar um meio de ganhar um dinheirinho. Eram lavadeiras das "madames" lá de baixo, mucamas (exploradas até o talo) dos riquinhos da sociedade recém-republicana e, inclusive, saciadoras das necessidades sexuais dos maridinhos pudicos das senhoras de família. Ou seja, durante o dia, o trânsito das mulheres no morro era tanto sobe e desce, que ficávamos a mercê de nós mesmos. Daí era um pulo para fugir e começar a fazer besteira.

Como o vento do mau conselho venta primeiro (ou damos ouvidos a ele primeiro), comecei muito cedo a me achegar aos “sabidos” do morro. Aqueles que diziam que era preciso ser esperto para se viver aquela vidinha de nada (para não falar outra coisa). Acostumei-me a ouvir o “corre que os meganhas estão chegando”. Não tinha outra solução a não ser se esconder. Eles nem queriam saber quem estava certo ou errado. A ordem era pôr ordem, custasse o que custasse.

Passado o susto, como ratos saindo dos esconderijos, os valentões, primeiros a correr, começavam a arrotar a coragem de enfrentamento. “Ah, se eu pego um meganha desses!” Todos eram machos depois que não corriam mais risco.

Mas de tanto ouvir, acabei ficando com ojeriza daqueles homens em seus uniformes. A lei era defender-se deles como fosse possível.

4. CADA UM POR SI

No "salve-se quem puder", aprendíamos que era necessário que cada um buscasse a melhor forma de viver. O "como" importava menos, mas "para que" norteava nossa criação. Foi com base nesta premissa que muito cedo comecei a seguir os passos dos mais velhos que "se davam bem" no morro. Os nossos heróis eram o avesso do que lá "na cidade" se acreditava ser. Eu não pensava em prestígio, queria mesmo era me "safar" e ser respeitado. Foi por isso que grudei nos meninotes que já se achavam muito homens. Nesses grupos sempre há o líder, aquele que se acha mais esperto e impõe ordem (pela força física ou, inclusive, pela lábia). Aquele era o Firmino. Moleque já grande no tamanho, ainda em seus 16 anos. Já corria da polícia lá embaixo e voltava contando vantagens. Ensinou-me muita coisa, até porque eu perguntava muito. E ele, na vaidade de quem estava se achando exemplo para alguém, não me negava informações.

Sempre começamos pela imitação até o dia da superação, não é verdade? Uma pena que comigo o espelho era muito fora dos parâmetros da lei e da ordem. Mas lá no morro não tinha muita escapatória para a vida miserável que levávamos. Éramos os "esquecidos" lá de cima, contanto que não viéssemos para baixo. Pelos meus 12 anos, comecei a fumar uns "mata-ratos" que conseguia ou mesmo quando tinha chance, fazia uns de palha (apesar de tabaco não ser mais barato que aqueles cigarros vagabundos). Eu me achava já homem. Já descia os barrancos meio empertigado como se fosse "algum doutor". Firmino, às vezes, precisava que eu lhe desse cobertura para as falcatruas que arrumava na beira do morro. Quantas vezes, me fazendo de carinha de coitado e criança, ficava sentando em cima das coisas que ele surrupiava, passava por mim, largava na minha mão e metia o pé. Comecei como cúmplice até que ele, sentindo confiança em mim, me fez seu parceiro.

Não conto esta minha formação com orgulho nenhum, não senhor! Ao contrário, depois de tanto tempo, se fosse possível refazer o caminho... Mas, também, se não tivesse passado o que passei, hoje não estava aqui contando isto tudo e não seria eu, uma entidade que está buscando pagar as dívidas através da ajuda dos que buscam socorro pros seus males do mundo!

Eram pequenos furtos, não nego, mas o argumento do "chefe" era o de que estávamos buscando a justiça social que era muito desigual naquele mundo: "uns com muito, outros com nada". A fala do Firmino, além de bem estruturada, acalentava a alma de quem queria ter e não podia. Somente após meu desencarne é que falo isso vendo que buscar o alheio é roubo de qualquer forma. Mas naquela ocasião, não pensava assim. Foram algumas empreitadas nas casas pouco cuidadas. Algumas vezes, pela janela, o que viesse na mão estava bom. Como dizia ele: "se tá descuidado é porque não faz falta!"

5. DE MOLEQUE A HOMEM

Foi assim que entrei na vida. Já no comecinho da puberdade, sentia-me mais macho ainda, quase imbatível. Passava os dias de nada fazer de útil para alguém. Rodeando os mais velhos é que me despertou o fascínio pelas cartas. Aproximava-me sempre da rodinha do carteado. Prestava uma atenção quase hipnótica. Começava a entender o mecanismo e, de forma hábil, aprendia a contar as cartas. Meu primeiro mentor, o Firmino, estava sumido fazia uns dois anos. Diziam que tinha morrido e sumiram com o corpo. Minha mãe, já envelhecida de tanto trabalhar, permanecia mais dentro de casa com suas dores nos quartos e nas juntas que mal conseguia andar. Passei a ter que me sustentar e a ela. Imagina se ela soubesse que o arroz e feijão vinham não de um trabalho arrumado, carregando peso pros granfa[1]?

1. Granfa - "granfinos"

Era o que ela pensava e dizia. "Meu filho, nunca se envergonhe de pegar no pesado e fazer força lá pros brancos. Um dia, você há de vencer. Suando agora para desfrutar depois!"

Coitada da velha. Mal sabia que era a atração daqueles pequenos retângulos cheio de números e símbolos que exerciam encantamento sobre mim e me tornou um dos mais assíduos frequentadores das jogatinas. Não foi preciso muito tempo para que eu me tornasse o "rei dos naipes". Algumas vezes, jogava pela diversão mesmo que matava o tempo e ocupava a mente para não pensar besteira. Mas, confesso que, a grande maioria das vezes, o que eu queria mesmo era dar o golpe em alguém, principalmente quando se apostavam uns réis.

Não demorou para que as alcunhas me identificassem com as cartas. Como acontece por estas bandas do Brasil, todo José é Zé. Não gostava muito disso, porque lembrava daquele que embuchou minha velha e meteu o pé. Porém, dizer que não gostava, fazia com que as pessoas falassem mais ainda só para me irritar. Daí foi um pulo para me associarem ao baralho. Passei a ser conhecido como o Zé do Baralho! E como falava que me aborrecia o Zé, alguns me chamavam de Raul do Baralho e até mesmo pelo nome completo de Zé Raul do Baralho. Eu gostava mais! No final das contas, tinha muitos nomes e pouco dinheiro. He he he!

Bom, pelo menos, eu era referência em alguma coisa. Respeitavam-me – ou me temiam, pouco importava – quando a questão era jogar. As cartas pareciam uma extensão dos meus dedos e a cabeça, para isso, era focada. Nada passava despercebido, nem um ás, nem um valete ou oito de paus.

Ganhava uns caraminguás do pessoal do morro. Lá eles tinham dinheiro para apostar alto? E logo comigo? Claro que não! Era para passar tempo. Faz a fama, deita na cama, os parceiros nem se atreviam a apostar contra meu carteado. O jeito era mesmo descer a ladeira e ganhar o meu sustento a partir dos "moços brancos". Muita confusão na Mauá por isso arranjei. Os marinheiros desembarcados que não me conheciam acabavam lisos e, às vezes, o couro comia por isso!

Muito cedo também comecei a me interessar pelo fascínio da forma feminina. Se o criador fez algo melhor, guardou pra ele! Eu estava sempre apaixonado, mas nunca amava. Queria deleitar-me, mas não pensava em me amarrar. Com tanta mulher bonita, por que eu ficaria preso a uma só? Não para me gabar, mas o mulato aqui tinha seu charme. Lábia, diziam elas quando eu fazia com que as próprias me pedissem desculpas pelos meus erros.

Não vou negar que tinha minhas preferidas, mas nenhuma ocupava o meu coração com exclusividade. Ali, por detrás da Estação de Ferro Dom Pedro, os cabarés eram mais para os endinheirados. Nós, que pouco linho e sapato tínhamos, nos contentávamos com as meninas da Praça Onze e mais para o final da madrugada, vez por outra, sobravam umas moçoilas do Cais, que cansadas de pouco faturarem, apelavam para o famoso "é pouco mas, pelo menos, são uns contos de réis".

Às vezes não era possível subir o São Carlos porque os "homens" estavam esperando para nos enquadrarem na "vagabundagem". Nunca matei ninguém e jamais deixei de ajudar a quem me pedia. Se não falei tudo para minha mãe era muito mais para poupá-la do que para mentir. Não gostava de trabalhar, de ter hora, de dizer "sim" pra patrão.... A vida me fez ver que a sobrevivência tem um custo alto. Nem mesmo com o baralho eu roubava. Não levava carta escondida na manga, não marcava o verso de nenhuma delas. Acho que era dom. Burro não era, preguiça só para as coisas que para mim não tinham importância. Dormir até tarde era uma necessidade de quem passava a noite acordado, ora, ora!

Ficava muito danado quando me diziam que eu era vagabundo. Malandro sim, mas vagabundo nunca. Malandro para não acordar em paletó de madeira era lei no morro. Não me viam chegar arrastado e cortando os "ss" das vielas. Bebia porque ninguém é de ferro, mas perder a minha consciência com o álcool? Não, isso não! E que culpa tinha se as minhas amigas me pagavam uns tragos e umas cervejas?

Ah, moço, pé de valsa estava no sangue. Dizem que quem vem lá da África traz consigo o ritmo da ancestralidade. Preto, preto, eu não era. Não chegava ao azulão daquele que diziam que foi meu pai, mas, com certeza, o gingado da negritude me ajudou muito a fazer bonito nas rodas de samba e no escurinho das casas de amor.

Sem muita diferença dos que ali viviam comigo, entre tábuas e zinco, foi assim que eu cresci. Entretanto, o que mais me orgulhava de ter me criado no São Carlos conto-lhe a seguir.

6. A VIDA NO MORRO

Não é à toa que o povo diz que a dor ensina a gemer. Fosse eu sentar na beira do caminho para reclamar sobre as coisas que me faltavam, estaria morto (e com fome)! Não teria sobrevivido para angariar histórias e poder contá-las. Até aqui, tudo que lhe contei pode não ser a mais bela história de um homem, mas é a vida de um homem de verdade.

Pé no chão, que experimentei os percalços e as soluções. Creio eu que este é um dos maiores motivos pelo qual as pessoas gostam, tanto dos malandros dos terreiros, acorrem e confiam neles. Afinal, fomos gente como toda gente!

Desde sempre, vi a solidariedade dos moradores do morro. Tudo era que nem diz o padre nos casórios: "na alegria e na tristeza". Se a dona Maria das Couve estava no aperto, todo mundo se mobilizava para ajudar. Se a vizinha faladeira perdeu o filho com a febre, todos choravam a noite inteira com ela e os tocos de velas. Se seu João Barril chegava torto em casa e partia pra cima da patroa, a gente entrava barracão adentro para apartar.

Quando os meganhas cismavam de "dar batida" e sabíamos que uns ou outros não eram lá flor que se cheirasse, mesmo assim, escondíamos os parceiros para depois, descendo o cacete neles, avisar que ali não iam se criar. Não iríamos querer alguém para que, virasse e mexesse, trouxesse perturbação para o cotidiano.

A noção de família era mais larga que a porta de casa. Todo mundo era compadre de todo mundo. Às vezes, nem tinha batizado o bacuri do outro, mas chamava de comadre.

Cada um era responsável pelo que fazia da própria vida. Dali para baixo, cada qual com o seu cada qual. Porém, no terreirão, todos eram dignos de receber um "bom-dia" e um "saúde" se espirrasse.

Confesso que esta lição de convivência me auxiliou muito na minha nova tarefa depois que fui embora da Terra. Aprendemos a respeitar fosse o que fosse. No final das contas, ninguém sabe, na pele, o que o outro sente. Pode-se ter uma vaga ideia, mas saber mesmo, sabe não. Julgar é fácil quando é para fora das próprias atitudes.

Era assim com as que "pulavam a cerca" dos seus maridos, os que se apossavam do alheio, das que embuchavam antes do tempo, das que buscavam a dona Marita para tomar o chazinho que fazia desaparecer a chance de parir, dos machos que gostavam de macho, dos machos que se enfeitavam feito fêmeas... Em suma, todo mundo tem os seus "porquês" e não nos cabia julgar os seus "como".

Nem sabíamos que isto era solidariedade. Palavra difícil nunca foi nosso forte. Palavra doce e adoçada para se safar sim, mas às letras cuidadas não éramos chegados. Só depois que passei meu tempo de aprender aqui de cima é que fui vendo que aquilo que fazíamos era sermos solidários. Meu "patrão" daqui foi aos poucos me mostrando o que de bom todas aquelas atitudes tinham. Era certo, como ele mesmo me disse: "Foram essas visões das coisas boas da vida que lhe deram a chance de pagar a dívida, meu caro Zé!"

Entretanto, sobre isto eu lhe falo mais à frente, moço. O que importa agora é contar o tempo em que vivi entre os vivos.

7. O TERNO BRANCO

Parece que é importante mostrar como a questão da ajuda mútua era fato entre nós. Todo mundo que acorre aos terreiros, e mesmo o modismo dos que nos chamam sem muito saber quem somos, nos conhece pelo terno branco, o chapéu panamá, a gravata vermelha e por aí vai. Mas o que alguns desconhecem são algumas histórias que nos envolvem desde o tempo real de quando estávamos na Terra.

Andar alinhado era o sonho de todos nós. É bem verdade que queríamos imitar os abastados lá de baixo que pagavam alfaiate e mandavam trazer de fora o cromo alemão. Como isso não dava pra gente, restava-nos o capricho com o pouco que conseguíamos. Era a razão da roupa alvinha, alvinha, bem passada que disfarçava o valor do linho, que não era dos mais caro, pelo menos era notado de longe.

Sabíamos caminhar empertigados também. Se o molejo do desvio das pedras do morro para não sujar a barra da calça nos dava experiência de andar, imagina nas ruas calçadas dos ricos? Fazíamos era um estrago e tanto. Fazíamos “fita”! Não tinha quem não pensasse: “Eita nego besta vestido de branco!”. Eu até corrigiria dizendo: Vestido de branco como os brancos. Mangávamos deles com isso. Imagina se preto ia vestir preto? Ninguém ia ver nada na calada da noite, só se sorríssemos e arregalássemos os olhos.

Tinha eu também meu paletó, calça e colete branco. Era pobre, mas era ajeitado.

Não usávamos uniforme, mas olhando pelas ruelas e becos, fosse do Cais, Valongo ou Mauá, era comum observar uma horda de negros iguais.

Se não tínhamos originalidade, pelo menos, sobrava-nos sagacidade. Algumas vezes, a salvação de uns e outros era justamente a vestimenta. Entravam pelas portas do cabaré os “macacos”[2] atrás do “nego de branco”. Davam com os burros n’água quando encontravam uns 5 ou

2. Também apelido dado aos policiais que corriam para prender meliantes e arruaceiros.

6, entre a fumaça dos cigarros e a luz difusa do ambiente, do mesmo modo vestidos. Sem contar que o camarada que eles buscavam, dávamos fuga a ele e ficávamos nós ali. Que fariam? Prenderiam a todos? Não foi uma, nem duas ou três vezes que vi o pessoal da farda doido com isso. Depois ríamos, mas sabíamos que não poderíamos bobear, pois a qualquer momento, um de nós poderia ter que pagar o pato.

Vai que um dia, os "caras" não estavam nem preocupados com "quem pegar" e sim "em pegar", e acabariam levando qualquer um. A famosa lei do "não tem tu, vai tu mesmo!".

Não quero lhe cansar com meus relatos, mas o que se leva da vida a não ser as histórias que contamos, não é mesmo? Por isto, acho importante entender os motivos que nos levam, a maioria das entidades, a nos "plasmarmos" na linha dos malandros com a fatiota alva e rubra.

Há algumas exceções e variações, afinal, temos nossas individualidades. Mas, grosso modo, desde o mais famoso dos malandros, o mano Zé Pelintra, até outras tantas denominações de irmãos da malandragem, nossa "aparição" é mais facilmente percebida quando chegamos no "alinho do linho" branco!

Naqueles tempos, a relevância da indumentária era tão grande que até na hora de tirar a roupa, o cuidado para não amarrotar era mais importante do que ficar como se veio ao mundo. Eu mesmo, algumas vezes, na pressa de ir "pros finalmentes" com uma das minhas mulatas faceiras, acabava por deixar cair o paletó no chão e a dor na consciência me fazia voltar lá e colocar direitinho no prego da parede.

8. O CARÁTER DE UM HOMEM

Nem sempre a sorte caminha conosco. Ao longo dos meus dias, consegui levar. Ganhava no jogo, ganhava presente das minhas meninas, jogava conversa fora com os amigos, bebia, fumava e levava a vida até onde fosse possível. Como mentira não é um traço meu, não vou negar que meu peito ficava mais inflado quando lá com o meu povo eu ouvia: "Zé do Baralho, bom dia!" ou então um moleque dizendo para o outro (e meu ouvido, apurado pela sobrevivência, escutava): "Olha lá, é o Seu Raul do Baralho. Não tem pra ninguém".

- Seu Zé, me ensina a jogar que nem o senhor! Era uma frase que me envaidecia e como um cara cheio de mim mesmo, ainda retrucava: "- Deixa estar, moleque. Isto não é pra quem quer... é pra quem pode!" E saia rindo por poder me gabar.

Admiração e afeição são sentimentos que qualquer ser humano gosta de receber. Infeliz daquele que passa pelo mundo e não consegue identificar um dos dois. Perdeu tempo ou se enganou.

Se não fui grande coisa, se pequei umas vezes pela forma de buscar ficar vivo, peço perdão. O que me aprendi, tantas vezes a duras penas, foi que precisamos uns dos outros e que não estamos sozinhos. Ninguém se basta para sempre. Tem os que acham que sim. Levam um tempo de autossuficiência, mas no escuro do quarto não tem aquele que fique imune à solidão e ao abandono.

Desculpe a minha maneira direta de falar, mas vivi como todos aí e vi acontecer. Depois de vir pras bandas de cá, sigo observando os homens e as suas atitudes. Acompanho os que me pedem ajuda e, sem exagero, a quantidade de "senhores de si mesmos" é grande e é onde residem muitos infortúnios e falta de felicidade.

Desde guri, quando passava fome, tive a mão amiga de um pobre como nós a dividir o pouco que tinha. Quantas vezes ouvi minha velha dizendo para uma vizinha: "O pouco com Deus é tudo, comadre!" Cresci assim.

A vida e os seus reveses me fizeram aprender a driblar algumas situações. Lancei mão da minha habilidade com o carteado para ganhar dinheiro, é fato. Fiz algumas "amigas" chorarem a minha despedida, joguei com o coração de muitas. Outra inegável verdade. Mas já disse aqui e repito: nunca matei nem apunhalei pelas costas. Houve uns aí que tive que sentar a mão, pela defesa e para conter o abuso. Contudo, jamais judiei de velho ou de criança.

Alguns meganhas tive que desarmar. Era eles ou eu! Uns envergonhados ficavam irritados comigo, outros fingiam que nada tinha acontecido para não aumentar a tensão da situação. Não nego que por isso me gabava.

Era bom de briga sim... mais novo, então, os cabelos nas ventas fizeram eu me meter em confusão e correria. Não era religioso, mas ia de vez enquanto em umas macumbas lá da Gamboa só para garantir proteção (he he he).

Meus pecados, sei que os tive, são agora reconhecidos por mim e fazem com que eu compreenda um pouco mais os motivos de eu ter que "baixar" nos terreiro para ajudar. O fio da minha navalha, em vida, era afiado e cortava se eu lançasse contra alguém. Agora, a mesma navalha que carrego é o símbolo de me manter equilibrado e justo.

Só tenho a agradecer a Zambi a oportunidade, pois se Ele não fosse tão misericordioso, a estas horas eu estaria era queimando na escuridão lá do “outro lado”! Sinal de que tem algo em mim que me salva...

Moço, não pense que acabou por aqui o que tenho para contar. Ainda me falta falar sobre o infortúnio de minha morte, o rito de passagem para a outra esfera e o caminho que me trouxe até aqui.

9. O FATÍDICO DIA

Sabe aqueles dias que em se acorda meio sem prumo e sem rumo? Pois é, foi assim. Quando abri os olhos e fui até a "casinha"[3], cambaleei, quase fui ao chão. Segurando-me onde podia, voltei a sentar na beirada da cama e pensei: "Eita, Zé, encheu o pote ontem...!" Atribuí aquela zonzeira como sendo o dia seguinte de mais um porre.

Lavei o rosto na bacia lá de fora, dei um trato na aparência, coloquei um pouco ainda da água de cheiro que tinha ganhado de uma admiradora para fazer barba. Tinha que buscar o da semana para aguentar o tranco dos dias. Precisava de mais algum, já estava zerado. Cartas no bolso, chapéu para não pegar sereno, pisante limpo, lá fui eu.

3. As casas rústicas, normalmente com um único cômodo, não possuíam banheiro. Quando possível, fazia-se um local separado para as necessidades fisiológicas tão pequeno como se fosse uma minúscula casa, daí o nome de "casinha" para algo semelhante à latrina.

Nem lua tinha. A noite, nem tão tarde assim, parecia feriado de finados de tão deserta. Lá em cima, ainda havia uns ou outros sentados perto dos barracos. O vento frio levava era todo mundo para dentro de casa. Mas não tinha jeito, tinha que, por ofício, ir buscar o meu lá embaixo!

Antes mesmo de chegar no final, passando pela poeira da terra e dos grandes blocos de pedras que deixávamos, de propósito, na subida do morro para desestimular a polícia de subir, vi o vulto saltar à minha frente que nem o "gramunhão".

- Vade retro! Gritei até que minhas vistas se aprumaram e vi que era um daqueles magrelos que andei ensupapando quando deu umas incursões lá no morro.

O moço me perdoa de não ser tão fiel ao nosso diálogo daquele dia. Ninguém merece conhecer o teor da conversa. Só posso lhe dizer que eu estava com muita raiva e, pelo visto, ele também. Acho até que, pelo bafo, tinha tomado umas antes. Vou resumir, cortando os impropérios que ambos dissemos.

- Sozinho, Zé? E agora? Vamos ver se é valente! 'tá pensando que eu esqueci daquele dia que você me deixou com a cara toda ralada? Quero ver agora.

Nem preciso lhe dizer que na mão ele tinha um trabuco. Tentei argumentar, mas não vou mentir, não me deixei medrar não.

- É, covarde, larga essa arma e vem pra mão. Só é macho segurando um ferro?

Nisto, saltaram mais três coadjuvantes do safado. Não teve jeito, aliado ao susto da repentina aparição e da situação em si, caíram em cima de mim e me imobilizaram. Ainda pulei que nem touro brabo antes do abate, mas não teve maneira. Já sem força, o jeito era parar de me debater. E nenhuma alma viva apareceu por lá. Entendo, porque se alguém se mete com esses caras, acaba levando a pior depois. A famosa lei do silêncio no morro nos mata por dentro para nos manter vivos por fora.

- Chegou teu dia, "criolo" safado! Nunca mais vai bater em polícia.

Sem dó nem piedade, lá em cima do morro se ouviram três estampidos.

Só lá pelo começo da manhã é que uma "tia", morrendo de medo, mas morrendo de piedade, colocou uma vela ao lado do corpo esperando que viessem buscar o pacote, coberto com jornal.

Ninguém falou nada, ninguém viu nada. Era começo de inverno, o frio gelado da madrugada ainda piorava a situação. O silêncio era da dor em ver mais um estirado no chão. Fazer o que? A vida tinha que seguir. Nem chegou aos 40, morreu Zé Raul do Baralho!

10. ANTES DO ANTES

- Está vendo aquela moça ali? Aquela de vestidinho florido sentada na beira da porta?

- Sim. Rosto triste. Parece que a melancolia mora em seu coração! O que tem ela?

- Aceita que seja a sua mãe?

Um brilho surgiu no rosto do jovem.

- Então é chegada a hora de eu reencarnar?

- Sim. Mas antes precisamos saber se aceita a missão!

- Lógico, senhor. O que mais quero é me recuperar das coisas que fiz antes.

- Calma. Tenha calma. Precisamos ainda conversar e lhe será mostrada toda a oportunidade que o Criador lhe está concedendo. Caberá a você, aceitar ou não. Tudo é questão de escolha. Lembre-se das lições aqui aprendidas.

- Mas o que eu tenho que saber mais para aceitar?

- Sua estada desta vez será mais pobre. Ser-lhe-ão retirados os bens materiais. Aliás, já "nascerá" sem eles. Aquela jovem senhora não tem posses e será abandonada pelo pai da criança antes mesmo dela chegar ao mundo. Passarão por dificuldades que valorizarão a fé e a esperança. A âncora desta encarnação será a manutenção dos princípios morais acima dos bens materiais.

- Entendo. Devo superar o orgulho e a avareza que me fizeram errar e tripudiar tanto com tantas pessoas, certo?

- Exatamente! Quando você chegou aqui, viu que o fato de haver ganhado tanto ouro e joias não fez daquele homem um ser fraterno. Não soube compartilhar e ainda era esnobe perto dos menos afortunados. Agora é a chance de suplantar os vícios que se aferraram ao campo vibracional. Só assim a alma galgará mais um degrau. Serão as dificuldades que "lavarão" o perispírito. Espera-se que a ótica mude diante dos valores. Não são provações por castigo e sim situações para demonstrar o que realmente vale a pena na escalada evolutiva.

- Depois de todo este tempo que passei aqui aprendendo sobre a amplitude da vida, hoje compreendo a verdade. Ao estarmos encarnados, esquecemos de tudo que nos é passado e acabamos por nos perder. Mas há de chegar o dia em que, mesmo não tendo as lembranças prévias da encarnação, agiremos com correção até o ponto em que a alma pura seguirá o destino para a qual ela foi feita: o retorno à morada Paterna. Quero muito uma nova chance. Peço à Força Criadora que me inspire para que não falhe, novamente, encarnado.

Assim foi o diálogo de minha alma com um dos meus instrutores antes de eu encarnar como José Raul. Passei pelas agruras que lhe contei e agora, novamente, sem o invólucro físico, noto que fui alertado sobre tudo que enfrentaria e que seria uma nova oportunidade. Entretanto, três balaços me fizeram retornar ao plano menos denso e aqui estou. A primeira coisa que me mostraram nesta volta foi a cena do tempo em que o Mentor me indicou a encarnação que se findou!

11. SEM CORPO, MAS AINDA ZÉ

Acordei ainda atordoado. Neste estado inicial, ainda mais movido por um susto e com pouco preparo anterior para o desencarne, quando retomamos a consciência, estamos meio tontos. Mas a Graça Divina e o amparo de irmãos de luz e paz concedem-nos a calma necessária para o aprumo.

Notei que estava deitado e, a minha volta, dois seres estavam plasmados, para minha compreensão, como enfermeiros ou médicos, não sei!

- Boa noite, Zé! Mais tranquilo?

- Bom, tranquilo, tranquilo, não, né? O que aconteceu?

- Fique calmo. Vamos lhe explicar tudo. Agora precisamos que você descanse.

Passado o momento inicial e após alguns tratamentos com luz e aromas, consigo sentar-me. Foi então que o primeiro amigo de longa data se apresentou. Reconheci-o como aquele que me concedeu a nova oportunidade de encarnação no morro. Ele esboçou um leve sorriso e me perguntou:

- Ora, ora. Olhe você aqui outra vez, meu irmão!

- Pois é. Acho que não cumpri a missão, não é?

- Que nada! Não tem missão não cumprida. Tem vida vivida e com ela as suas ações gerando mais ações.

Foi nesse momento que me reapresentaram aquela "conversa" antes de eu ir para a Terra como José Raul.

Quando terminou a recordação, meu mentor retomou o diálogo:

- Por enquanto, então, vou lhe chamar de Zé, está bem? Como foi sua última encarnação e você ainda está muito presente nela, tratemos desta maneira.

- Como queira. Você bem sabe que o Zé nem gostava do apelido Zé, não é? Tenho que superar isto.

Ambos, em uma risada de cumplicidade, abraçamo--nos.

- Começa uma nova etapa para você. Venha, vou lhe falando um pouco sobre os próximos passos.

- Vou saber da minha nova encarnação?

- Calma... Sempre afoito... Calma... Agora será outra história.

12. A COMPREENSÃO DA MISSÃO

– Veja, meu nobre. Você teve algumas encarnações onde lhe foram dadas oportunidades de superação de alguns sentimentos. É assim com todos. Uns, ao perceberem o ensinamento, conseguem suplantar e sublimam aqueles maus comportamentos e pensamentos. Outros, digamos de passagem, a grande maioria, acabam incorrendo nos mesmos equívocos e vão somando mais e mais atitudes que serão, em algum momento, resgatadas. Por isto, não se sinta menos afortunado ou o pior ser do universo.

Porém, algumas almas, após as suas novas chances – e em não conseguindo superação – devem passar por outras formas de resgate. Chegamos a este momento seu.

O planeta vive uma história muito conturbada. Muitos valores se perderam, outros tantos vieram. A espiritualidade tem buscado dar o apoio necessário e justo. Prova disto é o grande número de pessoas que vão cada vez mais aos templos que lidam com o mundo invisível para buscar soluções para os seus problemas.

Sabemos que não somos a resposta miraculosa que alguns pensam. Não somos um passe de mágica que tudo muda e que todas as situações transforma. Somos luz da consciência e nossa missão é dissipar os véus da ilusão.

Assim, crescem as Casas que labutam pelo bem e pelo auxílio. Os conceitos e peculiaridades dos seres humanos fizeram com que houvesse a necessidade de organizações religiosas diferentes. Mas todas, que estão sob os auspícios de Deus, têm objetivos convergentes, qual sejam os do esclarecimento e do conforto espiritual para bem prosseguir na vida encarnada.

Longe no tempo, os druidas, os rishis, as sociedades secretas, as pitonisas, os oráculos e tantos outros movimentos que tratavam (e tratam) da intercomunicação dos planos físico e sutil, surgiram e, assim, perpetuaram-se os que não se desviaram da Ordem Cósmica. Recentemente, após a nova ótica do mundo, vimos surgirem outras manifestações que se somam aos antepassados místicos da Terra. Houve "releituras" de antigos processos e outros amálgamas deram lugar a expressões mais vinculadas aos tempos modernos.

Como exemplos, posso lhe dizer que a proposta de interpretação de Allan Kardec surgida no século XIX cresceu e hoje representa uma boa parte dos que trabalham com os espíritos. Por motivos outros, surgiram, principalmente, no continente americano, cultos como o Candomblé, a Santería, a Umbanda e outros mais.

- Eu cheguei a frequentar uma tenda espírita quando estava encarnado.

- Sabemos! Inclusive é um dos motivos que nos fez conduzir a sua nova tarefa baseado no conhecimento que teve por lá.

- Mas não sei de nada. Só ia tomar uns passes e pedir proteção.

- Tudo a seu tempo. Terá tempo de saber mais e melhor sobre as possibilidades de trabalhos espirituais para depois iniciar a "nova" vida. Algumas coisas, desde aquele tempo em que você ia no "centro de macumba", como diziam, mudaram. Você saberá de cada detalhe. Não se aflija!

Urge o tempo de dar prosseguimento ao seu aprendizado, já que a Terra carece, cada dia mais, de apoio e esclarecimentos.

A estrutura do que a partir de agora acontecerá, levará você a conhecer um pouco mais do que lhe reserva a infinita bondade divina. Somente após isto é que se dará como pronta a etapa de auxílio aos irmãos encarnados.

13. UMA SALA DE AULA DIFERENTE

Quem diria. Na vida, não fui para os bancos escolares – pelas dificuldades e também pela falta do empenho e da vontade – e depois de "partir daquela para melhor", tive que aprender a aprender.

Tudo bem que as coisas no plano sutil não são iguais às do planeta. A questão é vibracional e não física. Quando os encarnados veem ou leem os relatos dos acontecimentos em uma esfera diferente da terrena e lhes parece muito familiar é devido ao cuidado que o campo superior tem de explicar e expor os exemplos tomando como referências a materialidade. Tal artifício tem por objetivo ser elucidativo. Como os homens na Terra não conseguiriam aquilatar os movimentos energéticos de tudo que ocorre em outra dimensão, a solução é transformar uma realidade em outra mais facilmente compreensível. Daí verem-se muitas histórias que mais parecem contos de lugares, pessoas e objetos que existem na crosta terrestre.

A noção de tempo e espaço não é a mesma, assim como também não é o mesmo sentido de consciência. Para fins didáticos, digamos assim, é que se fala como se tudo fosse muito semelhante aos parâmetros que existem na Terra.

Eu não "sentei" em uma carteira escolar para "ter aulas". Minha constituição energética passou por um processo de aprimoramento e ampliação que me capacitaram para poder desempenhar o meu papel, como entidade de Umbanda, no terreiro e incorporado em um médium.

Tive a chance de rever encarnações anteriores e todos os processos que as envolveram. Foram-me apresentados os encadeamentos e as consequências de cada uma das "vidas" que tive para chegar ao momento de cumprir com as novas obrigações de resgate. Fui de tudo, moço. De "bonzinho" a vilão! Algumas vezes escapando de perder a chance, outras, esquecido dos aprendizados, coloquei em risco o futuro, esquecendo o passado... assim é a Vida (com V maiúsculo mesmo).

Noves fora, zero! Dada a explicação mais esotérica, deixa eu continuar minha história para o moço entender como cheguei até aqui.

Desde meu tempo no Rio de Janeiro (já tinha falado que era no começo dos anos de 1900), existiam algumas casas espiritualistas que mesclavam, principalmente, ritos das religiões africanas, católicas e alguma influência da pajelança. Muito confusas ainda as denominações, ouvíamos falar de "macumba", "candomblé" e "umbanda" principalmente. De um modo geral, as pessoas falavam que iam num terreiro de macumba. Fui também algumas vezes. Havia atendimentos e passes com pretos e pretas velhas, com índios (que chamavam de caboclos) e havia as sessões com os exus (estes muito temidos pela maioria das pessoas).

Tive que revisar todos estes conceitos de uma forma sincrônica e diacrônica, moço. O senhor está vendo como eu também sei falar difícil agora "daqui de cima"? (he he he)

A estruturação das religiões que possuem matrizes africanas sofreu (e sofre) algumas adaptações aos tempos modernos. Falo principalmente da Umbanda que, após um momento muito conturbado na primeira metade do século XX, foi se amoldando e recebendo questões de legitimação que a conduzem ao que hoje temos como uma religião. Na verdade, com forte origem do período escravocrata, a Umbanda é uma manifestação religiosa urbana (resultado de um processo de industrialização e migração do foco rural para a vida nas cidades).

Naquele tempo, não havia muito bem definidas algumas falanges trabalhadoras como atualmente temos. Aprendi tudo isto e comecei a conhecer as linhas que atuam nos terreiros umbandistas.

Segundo o meu mentor do período de aprendizado espiritual, eu atuaria plasmado sob a forma de um "malandro" por uma questão de identificação com a minha última encarnação. Era mister que soubesse como essa falange se apresenta e de que forma eu poderia ajudar as pessoas.

Para que minha missão pudesse ser iniciada, precisava saber de tudo isto e, como segundo passo, conhecer com quem eu trabalharia e como se daria a organização do serviço.

Foi então que me apresentaram a vibração de Aruanda e as suas diversas formas de expressão. Desde os Orixás (com grande influência africana), passando pelas entidades de luz que estão ao serviço do Pai Maior.

A parte chamada "da esquerda" da Umbanda seria o meu maior referencial de atuação. Os malandros formam uma linha ainda em construção, mas já surgem em muitas manifestações espirituais. Neste campo, muito influenciado por outra denominação religiosa, a Jurema, vemos a figura de um dos maiores expoentes "da malandragem": Seu Zé Pilintra (ou Pelintra, segundo variações regionais).

Como os "Seus Zés" são muitos, vemos que algumas casas abrem espaço para dois tipos de incorporações: uma de "Zés" e outra de "Malandros". Há ainda, como é o caso atual de onde labuto, uma visão tripartida, onde existe um Zé Pilintra, um Maladro e outro Malandro mais ligado aos Exus – este é o meu caso – e como bem diz o ponto cantado: "venho na Linha das Almas e também na encruzilhada!"

Uma vez percorrida toda a parte teórica, digamos assim, fui levado ao espaço de atuação daqueles que junto comigo trabalhariam com um médium.

14. A ENTIDADE-CHEFE E AS DEMAIS ENTIDADES QUE TRABALHAM COM O MÉDIUM

Como se diz por aí, "pato novo não mergulha fundo". Foi bem assim que eu comecei a cumprir com o que me foi determinado como forma de resgate de minhas falhas: quietinho, observando, fazendo-me sentir aos poucos e sem muito alarde. Sempre chego de mansinho!

Lá do "outro lado" da vida, fui conduzido a um campo vibratório onde outras entidades estavam. Disseram-me que devido a estar tão próximo do tempo que vivi encarnado, eu assumiria o meu nome mesmo de reconhecimento terrestre. Quando me fosse dada a oportunidade de incorporar, eu ia me apresentar como Zé do Baralho ou Raul do Baralho, mas com a chance de explicar porque dois nomes para uma mesma entidade. E é o que venho fazendo desde o começo aqui. Basta lembrar das primeiras páginas que ditei para o meu "cavalo".

Eu e mais as outras entidades que trabalhariam com o médium estávamos juntos. Naquela "reunião" fora designado um Preto Velho como entidade-chefe do aparelho que daria passagem para nossos campos energéticos. Já havia aprendido que todos os guias que "incorporam" ou mesmo somente aqueles que atuam no campo intuitivo de um aparelho devem se reportar a uma entidade-chefe. Logo, foi fácil para mim saber que, para tudo e por tudo, eu deveria estar em consonância com o Pai Joaquim de Aruanda.

A autonomia de cada guia é respeitada, mas a disciplina de uma hierarquia também era foco de nosso aprendizado nesta nova roupagem.

Como sou um "malandro", aproveito muito da minha ginga anterior, comporto-me, falo, ajo, tudo como foi quando era o Zé do Baralho lá do morro de São Carlos. Meu ambiente de trabalho está afeto às questões do cotidiano, dos sentimentos mundanos e das conquistas materiais.

Muitos me pedem amores, resoluções de conflitos, emprego, dinheiro, sorte e outras tantas coisas da "vida vivida". Meu discernimento está em saber o que posso fazer e o que devo desaconselhar para o próprio bem de quem está pedindo. Quando o "negócio" é muito suspeito para mim, vou direto no "mano" Joaquim para pedir conselho. Na maioria das vezes, ouço o mesmo que minha intuição me diz: "Faz a pessoa esquecer isso!".

Vou tocando o meu barco assim. Como sou "das almas" tenho uma ligação muito estreita com o "Compadre Veludo". Ele mais circunspecto e eu mais solto. Uma combinação boa para os que chegam nos dias de sessão de esquerda. Ele bebe o *whisky*, é mais "*Lord*", fuma um bom charuto. Eu, por minha vez, sou mais da cerveja e do cigarro (que aliás já fazia uso quando estava encarnado). Não há atrito entre nós – e nem poderia haver. Somos parceiros de desfazer energias deletérias. Não vou fugir à verdade, ambos também atraímos ainda o sorriso das moças, pois é facilmente perceptível a nossa vibração masculina em relação ao sexo oposto. Não fazemos isto para nos gabarmos, longe de nós, mas já nos acompanha desde sempre a isto. Qualquer dia, o Veludo lhe conta como ele também era um "dom Juan" he he he he he.

Até o presente momento, minhas incumbências são mais as de proteger o moço mesmo que é o meu "cavalo". O mundo dele anda mal das pernas. Se antes as pessoas achavam que a noite era um perigo do desconhecido, agora, pleno século XXI, não tem mais isso de dia e noite não. Anda tudo perdido. Sabemos que a humanidade anda colhendo o que plantou ao longo dos tempos. Nada é por acaso e como diz o mano Joaquim, "si pranta banana, num podi querê coiê mançã."

E não é fácil não. Lido com os livramentos e com as vontades, sabe? Aprendemos que nem tudo que as pessoas querem é o que elas podem. Convencê-las disso é onde mora a dificuldade. Todo mundo tem pressa e seus problemas são sempre maiores do que o dos outros. Vai explicar o contrário? Ainda saem falando mal de nós, dizendo que o terreiro é fraco, que não adiantou nada ir lá.

Tenho visto – sou muito observador – a quantidade de pessoas que vão em uma gira, conversam com duas, três entidades, fazem a mesma pergunta até ouvirem a resposta que querem. Não é novidade pro moço que tem aqueles que vão sempre e sempre fazem as mesmas perguntas.

Não estou criticando ninguém. É só uma observação, um ensinamento.

Na Umbanda, assim como em muitas outras religiões, não podemos esperar gratidão o tempo todo. Embora, meus manos têm falado que a nossa religião parece ser recordista em gente que busca ajuda, consegue e nem volta para dizer "obrigado".

Moço, se aceita um conselho, faz a sua parte e deixa a sua consciência tranquila. Cada qual paga pelos seus atos. Não vê eu aqui? Tive que voltar assim, plasmado como malandro para quitar as minhas dívidas. O moço sabe o que é ouvir coisas que as pessoas dizem e que me lembram meu tempo encarnado e eu ter que me segurar para não voltar a sentir o mesmo de antes? Não se engane, aqui "fora do corpo material" também aprendemos muito e com uma responsabilidade maior ainda.

Pro moço ter uma ideia, uma lição que tive no período anterior à missão de incorporação foi a de que aquilo que os homens do ocidente chamam de pecado, quando é transgressão sem conhecimento é sério e acarreta resgate, porém, quando se faz sabendo das implicações, "o bicho pega". Havia um tempo, lá pelas bandas do começo do cristianismo que se dizia: "Quando o ignorante peca, ele peca, mas quando o sábio peca, ele perde Deus." Não sou assim tão taxativo, mas entendo o que isto significa. Recair na tentação das limitações do que não se deve ter, pensar, desejar ou fazer é virar as costas para a chance do crescimento. Acho que tô filosófico hoje, moço. He he he he.

15. DO "OUTRO LADO" TAMBÉM TEM HISTÓRIAS

Como lhe falei, quando passei para cá tive meu tempo de aprendizado e ampliação dos meus horizontes. Minha visão estava muito ligada à encarnação e sabia pouco do universo maior do que o conhecimento. Tenho muito a agradecer a alguns dos manos com quem hoje chego em uma sessão para atender ou pros trabalhos de descarrego que fazemos juntos. Eles, há muito mais tempo que eu na forma plasmada de entidades de luz, ensinaram-me e me mostraram muita coisa. Uma das mais importantes se relaciona ao tempo/espaço e a sua relatividade. Aqui, hora não é necessariamente 60 minutos contadinhos no relógio dos homens. Não existem distâncias marcadas em quilômetros e temos que aprender a nos movimentar de um lado para o outro esquecendo-nos dos conceitos de longe e perto.

Não vivemos só de "aulas" teóricas. Temos grande período de observação de fatos e exercícios de como proceder.

Nas primeiras vezes em que fui submetido a este tipo de exercício gastei muita energia para tentar – tentar, nem sempre consegui, moço – não repetir as emoções de quando estava encarnado.

Só para uma pequena mostra do que estou falando, vou lhe dar um exemplo.

Geralmente o velho Joaquim era quem me ajudava nas tarefas. Aproximávamo-nos de uma situação terrena. Ouvia a queixa ou o relato da pessoa diante da entidade incorporada. Imediatamente, davam-nos uma visão global dos fatos para que eu não fosse levado por parcialidade. Aprendi que uma história não é pontual. Ela vem carregada de diversas ações anteriores que recaem naquele momento. Com todo o cenário conhecido, era a hora da pergunta: “Que qui suncê faria angora, fio?”.

Essa era a hora mais complicada para mim. Tinha que me concentrar muito na serenidade para não ser tomado de rompantes e arriscar a vida e a energia tanto da pessoa atendida como a minha própria. Às vezes, eu até agradecia por ser só um exercício, uma hipótese. Foram muitas as ocasiões em que vivi aqueles exercícios até o momento em que se tornava cada vez mais clara a resposta. É curioso como no plano mais sutil nossos olhos se transformam.

E o moço pensa que parava por aí??? Era só receber o certificado (que na Terra nem nunca tive) e começar a trabalhar? Não! Depois de muito tempo aprendendo as formas de aproximação, limpeza do aparelho, conexão corpo mental e corpo físico, ainda tive um período de "estágio". Durante as sessões, principalmente da Esquerda, ficava ao lado do Veludo, ele atendendo, falando, fumando, indo pra lá e pra cá e eu do lado, quieto! Algumas vezes, depois que ele ia "a oló"[4], o aparelho dava passagem para mim, eu dava uma volta pelo terreiro, mas ia embora. Tanto para mim como para o médium era uma questão de buscar a afinidade de nossos campos energéticos.

O moço sabia que desde os primeiros dias em que pisou naquele terreiro onde está trabalhando, eu já estava ao seu lado, vendo, ouvindo e aprendendo (sim, porque também nós estamos em aprendizado sempre)! Vi, com alegria, meu mano Zé, o Pilintra, lhe chamando, fazendo o moço tomar uma cerveja e lhe dizendo que o seu lado

4. Encontramos esta expressão com algumas variações, dependendo da tenda umbandista, devido à origem estrangeira do termo. Em algumas pesquisas realizadas encontramos as seguintes explicações: "ir oló"ou "ir à oló" (ou "oró", como falam alguns Pretos Velhos) é uma forma simplificada de "ir ao olo orun", que quer dizer "ir para o longínquo orun (céu)". Há também a expressão derivada do iorubá "aunló" ("ayun" – partida, "lo" – deixar, ir). "Ir aunló", portanto, também é usado na desincorporação de uma entidade com esse mesmo sentido. (SOARES FILHO, D. Pai Joaquim de Aruanda. São Paulo: Aláfia, 2018. pág 30)

não era na assistência. Naquele dia, Pilintra lhe falou, inclusive, que toda vez que se sentasse para tomar uma gelada chamasse por ele que ele estaria junto. E assim, vejo que o moço faz sempre quando coloca uma cerveja no copo.

Depois disso tudo é que fui liberado para o serviço. E é por este motivo que eu quis logo lhe contar quem sou eu, de onde venho e como vamos caminhar juntos.

Se voltarmos àquele dia do seu primeiro sonho comigo, podemos seguir a história. Percebi que o moço ficou confuso com tudo e que a sua cabeça dava voltas se perguntando: “Como assim dois Zés?”, “Então não trabalho com o Zé Pilintra?”, “Devo chamar por quem para me socorrer?”.

Fique tranquilo. Vou fazer um grande apanhado sobre nossa aparição e áreas de atuação. Após isto, aí o moço estará pronto para recomeçar os trabalhos e cumprirmos juntos a nossa tarefa. Vamos ver!

16. QUEM SÃO OS ZÉS

A Umbanda, como qualquer religião, tem muita coisa boa, mas tem também lá seus reveses. Isto é da humanidade mesmo. Um dia tudo corre bem, em outro, o homem se perde com as suas "metidezas" e crenças de "ser superior". Mas se tem uma coisa boa mesmo na nossa religião é a sua variedade nas formas de expressão.

Se por um lado é enriquecedora e faz parte da história de nossas práticas, desde os tempos de outrora, por outro, pode ser motivo de discussões e divergências (olha o homem se metendo de novo nas confusões! O moço mesmo sempre costuma brincar dizendo que "onde tem dois homens juntos pode ter briga", não é mesmo?).

A minha observação inicial aqui é para alertar sobre os problemas que as múltiplas expressões da religião ainda ocasionam quando tratamos de temas sensíveis como o das falanges que labutam na Umbanda.

O moço já aprendeu (e questiona alguns dados) sobre a formação e as origens da Umbanda. Já viu que desde sempre existem divergências e ainda há os que se aventuram na tarefa de serem os donos da verdade. Eu lhe pergunto: o que é a verdade? Vou logo dizendo que não dou por encerrado o assunto e nem quero que pareça que o que estou falando seja a verdade pétrea. Haverá quem lerá meu relato e vai concordar, tem também os que dirão que não é nada disso. Não estou me preocupando muito, não. O que quero é lhe ensinar como nós vamos trabalhar. Vou lhe explicar como aprendi, vi e senti sobre minha forma plasmada no terreiro e assim o moço poderá aproveitar da melhor forma possível a minha aproximação.

Como eu estava falando, a Umbanda ainda não pode ser dada por "terminada em sua estrutura". Por ser uma religião que sofreu desde sua "pré-história" dos tempos do cativeiro, buscou – e busca – adaptar-se às intempéries e às marés dos acontecimentos. Lá atrás, e eu já estava encarnado, tudo era muito escondido, envolvido em mistérios que tentavam resguardar a magia das práticas. Houve tempo, moço, que muita coisa não se dizia para se preservar. Esta é uma das razões de "segredos" que só os grandes iniciados nos cultos poderiam ter. Falar era perigoso e motivo de expor as fragilidades. Então, os chefes de terreiros se calavam ou só revelavam seus ensinamentos para os "filhos de santo" que fossem capazes de guardar silêncio.

Neste cenário é que começou a se fundamentar a religião. Com forte influência das culturas perseguidas (as africanas e indígenas, principalmente), a Umbanda se valia das instituições aceitas – a religião da Igreja Católica Apostólica Romana – para "desenhar" a sua estrutura. É por isto que as notícias que tínhamos sobre os cultos umbandistas são poucas ou limitadas. Muitos irmãos de fé tentaram dizer como a religião era formada. Outros descreviam as bases espirituais e as suas manifestações. No fundo, no fundo, tudo era ainda muito incipiente e carecia de força para ser especulada na totalidade.

Assim, quando eu ia na "macumba", o que eu via eram manifestações de espíritos como os negros e os índios. Algumas outras entidades, em rituais mais fechados, eram tratados com cuidado e respeito pelo medo que causavam.

Passaram-se os anos, os homens começavam a ter a necessidade de identificar o funcionamento da religião. Houve especulações sobre Linhas, Falanges, Entidades, Orixás, e tudo que atualmente se vê nas diferentes Casas espirituais.

Não vou me alongar nas explicações. Muitos encarnados já fizeram isso. Prefiro pular logo para o que me traz aqui: falar sobre os Zés.

Não é muito difícil de entender. É só lembrar daquele dia no final da gira quando foi falado sobre os três malandros do terreiro.

Há uma Linha composta pelos Malandros e Malandras. Todos os que são afins a essa vibração podem compô-la. É abrangente e se difere das demais por algumas marcas que os "estudiosos" de hoje em dia chamam de "arquétipos". Ou seja: Os malandros, até por uma definição do mundo real, são espíritos que se plasmam sobre a forma de boêmios e sagazes. Às vezes, equivocadamente, são visto como bêbados, trapaceiros e arruaceiros. Tudo advém da visão preconceituosa dos séculos passados que imprimia nos afrodescendentes a pecha de vagabundos. Mas se não tinha outra solução, a solução foi buscar na crítica a forma da sobrevivência. Em outras palavras, a Linha da Malandragem "pegou" a imagem do cara que sabe "se safar" dos problemas e trouxe para o trabalho espiritual. Desta maneira, não se iluda: malandro sabe driblar as situações complicadas, mas não é vagabundo.

Criou-se assim, aproveitando almas que aprenderam, a ferro e fogo, a passar os perrengues da vida, uma faixa vibratória capaz de auxiliar os outros porque ouvindo as lamúrias sabiam exatamente o tamanho da dor. Como se costuma dizer, os malandros sabem dimensionar o problema do consulente porque sentiram na pele os mesmos problemas. Além dos muitos "Zés" (o Pretinho, o Navalha, o Sete Dados, o do Baralho etc.), temos outros manos que se apresentam com nomes como "Malandro", "Camisa Preta", "Malandra", "Maria Navalha", Maria do Cais".

Muitas vezes fomos confundidos com as almas perdidas e, portanto, fomos execrados. Levou muito tempo para amainar tais absurdos (ainda pairam algumas dúvidas, mas, graças ao mundo espiritual, a coisa está diminuindo). Não somos obsessores e tampouco sem luz.

Nesta grande Linha dos Malandros, destacou-se, desde muito cedo nas religiões afro-brasileiras, a figura de um homem chamado José Pelintra (ou Pilintra). Muitas histórias envolvem seu nome. Conta-se, por exemplo, que a "pessoa" existiu de fato, era nordestino e, por vicissitudes da vida, mudou-se para o Rio de Janeiro e viveu entre os boêmios e à noite.

É muito provável que a alcunha que ele carrega de "Pelintra" (ou Pilintra, depende da Casa e da região onde o cultuam) venha do preconceito (e, por que não dizer, da maldade humana) de associá-lo à vagabundagem. Pilantra é um adjetivo que se usa para referir a uma pessoa que rouba dos outros, que se aproveita do alheio etc. Aí fica fácil entender e relacionar Pilintra com "pilantra".

Apesar da “má fama” pelas histórias que se contam tantas vezes sem saber a verdade, o certo é que a entidade “Zé Pilintra” ganhou foco não só lá nas origens das expressões do Catimbó, onde ele é “doutor” (assim o chamam), como também nos cultos da Umbanda. Sua reverência é tão grande que em algumas vertentes das religiões que lhe rendem preito, chegam a dizer que há uma Linha de Zé Pilintra.

E eu, moço, pelo que vi e aprendi, posso dizer que ainda não é uma Linha. É sim uma grande falange dentro da Linha dos Malandros.

“Lá em cima”, quando se percebe que a alma que vai trabalhar como entidade tem o porte para ser dos Malandros é que se faz a separação. Ninguém é mais importante que o outro, mas para ser um “Pilintra” tem que ter mais que o gingado, tem que ter disposição para enfrentar além dos próprios medos, encarar a resistência das mentes pequenas que enchem o astral de maus pensamentos a respeito da “malandragem”. Eu costumo dizer que para ser Pilintra tem que ter dívida grande e vontade enorme de embate.

Antes que o moço pergunte sobre mim – se é que a história toda que contei de minha vida não bastasse – e sobre o que lhe falei tanto no sonho como no início da nossa conversa, deixa eu explicar os motivos pelos quais eu disse que sou "uma entidade que trabalha na Linha da Esquerda – entre Exu e Malandro".

Como o moço pôde notar, os Malandros trabalham muito próximo aos Exus. Seus campos de atuação são bem parecidos (no trato das questões mais humanas). Ambos (Exus e Malandros) aparecem na "Esquerda" e têm forte apelo humano (a grande maioria tem as marcas de uma encarnação e ainda se identifica com os sentimentos que geraram as dívidas com a espiritualidade). Quero crer que a diferença – se há – pode ser descrita como sendo a de que os Malandros se identificam mais com uma encarnação brasileira e os Exus com qualquer nacionalidade. Não que isto seja tão importante assim. Acho mesmo que tanta divisão é fruto da necessidade dos homens. Para nós, o fundamental é ajudar a quem pede ajuda na hora do desespero.

Como eu ainda estou na fase do "resgate" da vida última, vim como malandro, até com o nome de um da falange (que não por caso, foi minha identificação em vida encarnada). Sou malandro por isso, mas retirado do processo mais obscuro "do além", atuo na encruzilhada como os manos exus.

Sou da Linha das Almas, sou malandro, sou exu. Sou o que o moço quiser, desde que eu lhe seja útil. Tiro meu chapéu para poder afastar o mal, abro meu baralho para dizer a real, visto o branco que contrasta com o abissal. Comigo não tem tempestade, nem vendaval. Quem quiser saber mais, que me procure como tal. Sou Zé do Baralho, seu amigo e serviçal. Laroyê, moço.

EPÍLOGO

Indescritível é a minha alegria ao terminar estas páginas. Ao longo de uns quatro meses, tive a ventura de "ouvir" o que Seu Zé me contou e fez questão de que eu escrevesse para que mais pessoas soubessem sobre a sua história.

O processo foi curioso e, ao mesmo tempo, exigiu de mim uma atenção impressionante.

A título de curiosidade, relato-lhes como aconteceram as "audiências" com esta entidade tão pitoresca e adorável que se prontificou a trabalhar comigo na Umbanda.

Desde aquela madrugada do sonho, senti uma vontade grande de deixar registrada a história que Seu Zé me contava sobre a sua vida encarnada e sua "pós-morte". O *modus operandi* não foi muito diferente do que eu estava acostumado nas "irradiações" de mensagens que recebi de outros amigos espirituais que me acompanham (e que me fazem sentir um homem afortunado por suas orientações). Sem lugar à falsa modéstia, por vezes, não me sinto tão merecedor de tamanhas graças. Não sou o pior ser do universo, mas, na mesma medida, não me acho assim tão bom para tanta deferência. Costumo brincar com "eles" dizendo que, provavelmente, devo ser tão devedor que só cumprindo uma tarefa de serviço espiritual como a que eles me proporcionam é que conseguiria – pela Misericórdia Divina – minimizar as minhas falhas.

Voltemos à escritura do livro.

De um modo geral, quando estou na fase de "quase acordar" – aquele momento que é um misto de dormindo (sonhando ainda) e desperto – é que meu campo vibratório fica mais receptivo. Ou, pelo menos, é quando consigo me lembrar melhor das imagens. Pois bem, em alguns dias da semana, em tais horas, é que percebo a presença de meus mentores. É, justamente, quando consigo receber as orientações através de cenas e algumas vezes somente através de narrações.

Como já havia dito, durante quatro meses, a presença do Zé do Baralho foi bastante contundente. Tudo que ele me mostrava ou dizia ficava gravado na minha memória. Diversas vezes, peguei papel e caneta e, para não esquecer, registrava as ideias básicas do que me era mostrado para depois digitar.

A espiritualidade é atemporal, lógico! Mas não é anacrônica. Tenho percebido isto desde que comecei a escrever alguns livros com esta técnica de transcrição do que me é passado (ensinado). Assim, o surgimento das páginas que acabo de apresentar seguiu, mais ou menos, uma mesma estrutura: iniciava redigindo as cenas que me eram mostradas, na "madorna", sempre confiante de que o mentor estaria ali perto para corrigir algum rumo a fim de que não houvesse distorções. Posso afirmar, sem medo de fantasiar, que era impressionante como as palavras brotavam na minha mente e que, muito sem perceber ou controlar, eu ia escrevendo.

Passado o primeiro momento, rclia o que havia digitado, não só para verificar se passara algum erro gramatical (troca de letras, falta de acentos etc.), mas para me inteirar do conteúdo.

Não foram poucas as vezes em que me surpreendi com o que estava escrito. Não estava inconsciente, mas a sensação era a de que estava no "automático". Com tal sistema, quase não houve o que acrescentar. Hora ou outra, "ouvia" um "faltou dizer..." e aí iam se completando os parágrafos. Porém, posso afirmar que foram pouquíssimas estas correções e/ou complementações.

Depois de tudo isto, sinto-me mais próximo de Seu Zé e consigo entender mais a sua atuação. Aprendi muito e creio que me servirá para a missão espiritual a que me propus, certamente, lá, antes de encarnar.

Seu Zé costuma dizer que não se agradecem essas coisas, mas, muito ligado às necessidades físicas, não posso deixar de terminar a obra dizendo a ele "MUITO OBRIGADO". Uma experiência singular que espero possa ajudar aos que lerem as "nossas" páginas.

Espero que ainda venham muitos passos neste caminho e que a amizade, o respeito e crença que ambos nutrimos pela fé de nossa religião nos tragam ainda mais lindas histórias com o objetivo de ensinar cada homem a ser uma pessoa melhor neste mundo de meu Deus!

Salve a malandragem! Saravá, Seu Zé!

SATTVA EDITORA

contato@sattvaeditora.com.br
www.sattvaeditora.com.br